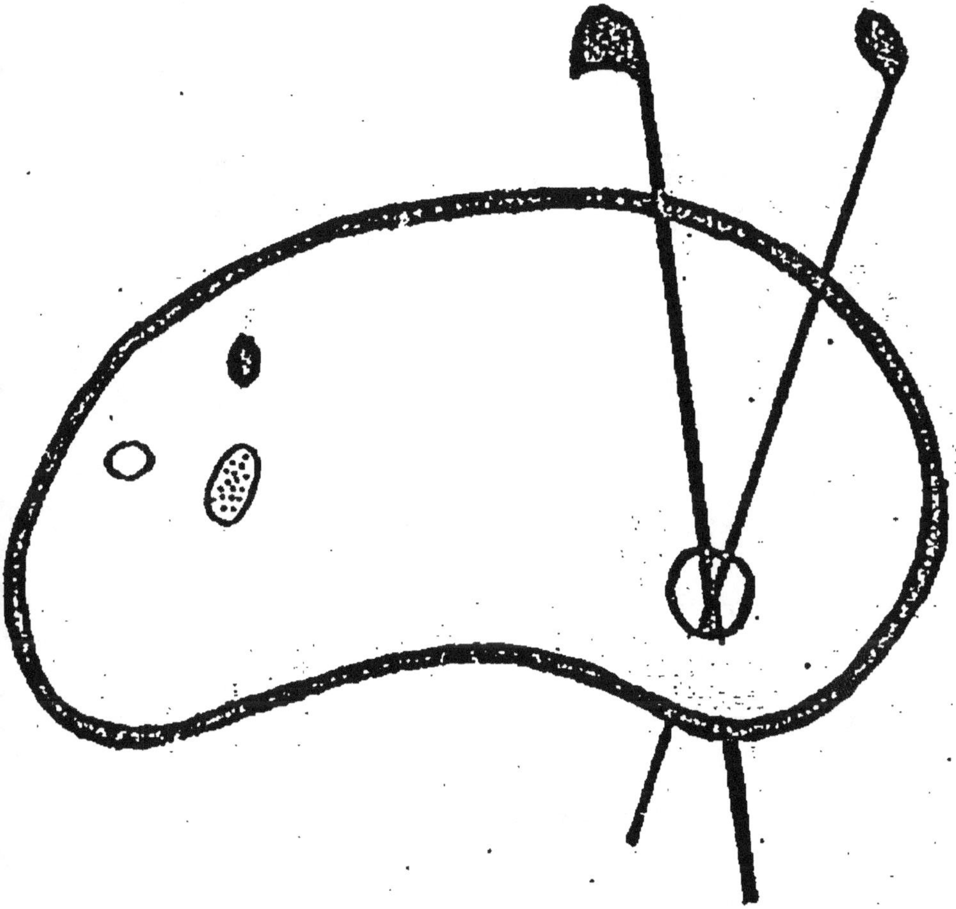

DEBUT D'UNE SERIE DE DOCUMENTS
EN COULEUR

L'ETERNITÉ

DES PEINES

PAR

J. WALLON

PARIS

1866

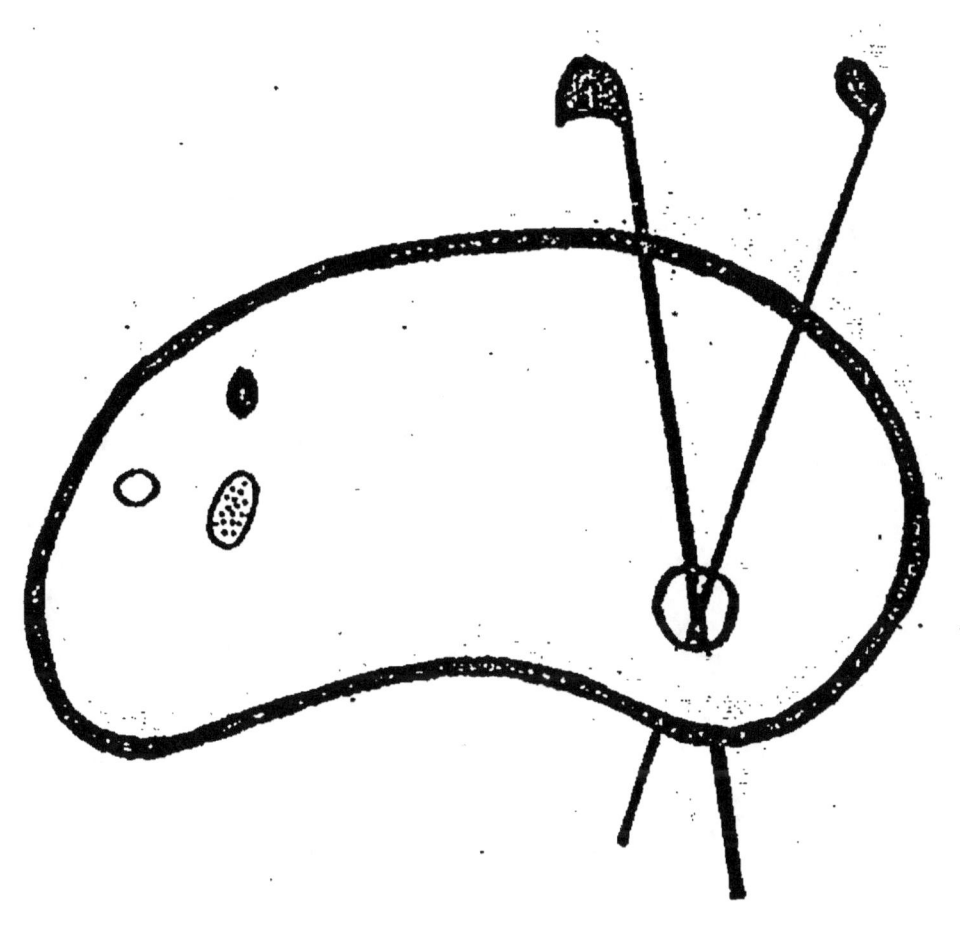

FIN D'UNE SERIE DE DOCUMENTS EN COULEUR

L'ÉTERNITÉ

DES PEINES

D

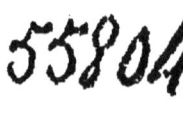

Tiré à 300 Exemplaires.

Paris.—Imprimé chez BONAVENTURE et DUCESSOIS.
55, quai des Grands-Augustins.

L'ÉTERNITÉ
DES PEINES

PAR

J. WALLON

PARIS

1866

Dans cette lettre, écrite au courant de la plume et dont le principal mérite, puisqu'une *Revue* a bien voulu l'accueillir, est sans doute d'être lisible sur des questions à peine intelligibles à beaucoup, on s'est moins proposé d'offrir une solution que de laisser pressentir la possibilité d'en trouver une. On s'adressait à une dame, versée il est vrai dans ces matières, mais on le faisait à l'improviste et sans parti pris, presque sans but. On voulait parler de religion; c'est de métaphysique qu'on traitait.

Il est impatientant, en effet, de voir des auteurs qui se disent et qu'on croit philosophes, rabâcher sans cesse les mêmes déclamations contre Dieu. Il est surtout révoltant d'entendre des hommes créés intelligents, et, comme tels, nécessairement libres (car l'intelligence est la liberté de la volonté, comme la liberté fait l'intelligence de l'esprit), ne se servir de leur raison que pour calomnier leur libre arbitre. C'est comme si le cercle se plaignait que tous ses rayons sont égaux. Quoi de plus absurde ! Autant vaudrait dire oui et non sur les mêmes choses en même temps. Et pourtant, c'est ce qu'on fait tous les jours.

On méconnaît, par là, la loi de sa nature; en d'autres termes, on déraisonne; on *désobéit*, sans malveillance, au principe même de son être, et l'on recommence ainsi à toute heure le *péché d'origine* (est-ce donc si difficile à comprendre?). Car de ce désordre de l'esprit naissent toutes les révoltes de la volonté, laquelle réagit à son tour contre la raison, et, blessant l'union de l'âme et du corps, perpétue les mauvais penchants.

On se met donc soi-même en cage. Après avoir déchiré sa nature, on en viole les lois au dehors, et comme il faut ramener sa volonté à l'unisson de sa pensée, ayant fait le mal, on veut de bonne foi prouver qu'on devait le faire ou qu'il est le bien; et des millions d'idées fausses couvrent le monde.

Mais s'il n'y a pas plus de liberté sans raison que de raison sans liberté; si ces deux mots n'en font qu'un, l'un en puissance, l'autre en acte; par cela seul que nous pouvons raisonner, Dieu se trouve justifié de nous avoir, en nous créant libres, laissé le choix, c'est-à-dire le mal. C'est à la raison, aidée de la foi, d'écraser la tête rebelle de la volonté. La vie, qui permet ce triomphe, est donc bonne en soi; l'être vaut mieux que le non-être, même dans les conditions précaires et successives où nous le possédons aujourd'hui. Et si je montre que l'éternité consiste à jouir de tout son être en même temps, c'est-à-dire à voir et à sentir simultanément toutes ses facultés, et que l'éternité malheureuse est de sentir tout son être imparfait (tel qu'il est aujourd'hui), mais de le sentir dans toutes ses puissances à la fois et avec la claire vue des perfections qu'il pouvait avoir et que par sa faute il n'a point; en quoi, l'être étant préférable au non-être, osera-t-on encore accuser Dieu d'être cruel, injuste, implacable ? Ne serait-ce pas lui reprocher que le cercle n'est pas carré, ou que le carré n'est pas cercle ?

Dire que ces vérités pénétreront dans la foule, non ; il lui faut des signes, des images, des symboles, lesquels, traduisant des idées très-générales, aussi vraies pour le génie que pour le pâtre, sont nécessairement des croyances, naturelles ou surnaturelles ; car le langage que parle la nature à nos sens est le même que l'Église fait entendre à nos âmes. Il est *symbole* en nous, *réalité* en soi. La pierre même est un sacrement.

Mais il nous faut des certitudes

absolues. Or qui a pu, si ce n'est Dieu, nous donner des vérités dix-huit fois séculaires, pour ne pas dire éternelles? On les nie, soit; on ne les remplace pas, on ne les convainc surtout pas de fausseté. Sous ce rapport, le positivisme est un aveu d'impuissance; il en a peur, il les fuit, et ce qu'on croit son triomphe n'est en réalité que sa défaite.

Quelle autre philosophie vient après lui les expliquer ou les combattre! L'Éclectisme ? Mais l'Éclectisme n'est pas une philosophie, c'est une politique, ou mieux un gâchis, chaque jour plus lourd, plus épais, plus opaque, délayant, pour conquérir une chaire ou l'Institut, la poussière de l'érudition dans la boue de l'histoire, dépouillée par lui des passions religieuses, sociales et politiques qui en étaient la lumière et la vie. Faire et défaire tour à tour tous les systèmes, et ne pouvoir dire que deux et deux font quatre, sans ajouter aussitôt que cette opinion est fausse dans ce qu'elle a d'excessif, tel est le jeu que l'Éclectisme impose à ses adeptes. De là l'insignifiante monotonie de leurs travaux. Pour moi, je ne les distingue pas l'un de l'autre.

Je vois bien qu'ils ne font pas tous leur ménage de la même manière : ceux-ci y mettent plus d'érudition, ceux-là plus d'histoire, et tous ne savent pas, comme des Écossais ou des Chinois, distinguer aussi bien l'apperception et la perception ! Je ne nie pas la haute importance de ces choses ; mais, pillant toutes les doctrines et parlant toutes les langues, sans pouvoir en préciser le sens, puisqu'il tire vanité de n'être rien lui-même, je dis que l'Éclectisme ne fait qu'ajouter à la confusion des idées la confusion des mots ; c'est la nuit dans une cave.

Aussi voit-on, comme les broussailles dans un champ sans culture, renaître la libre pensée, toute fière de trouver un écho dans la foule qui ne pense pas.

Triste nécessité de notre temps ! Cause-effet du mouvement désordonné qui nous emporte, chacun croit et veut être philosophe ; on s'improvise docteur en Israël [1]. Lorsqu'elle prit la société d'assaut,

[1] Pourquoi pas ? L'exemple vient de haut. Grâce au crédit qu'ils durent un jour aux événements, de Bonald et de Maistre, philosophes de société, ont, avec Lamennais, leur élève, jeté plus d'erreurs (fécondes, mais funestes) dans le monde et surtout dans l'Eglise, qu'un siècle entier n'en peut vaincre. Après en avoir tiré quelque bien, trois fois la cour de Rome, ne voulant pas frapper directement ses amis (pas plus Mgr de Montauban pour le *Traditionalisme* que M. de Montalembert pour l'*Eglise libre dans l'Etat libre*, tous deux disciples de Lamennais, quoique opposés l'un à l'autre), a formellement, mais subrepticement condamné ces erreurs sans pouvoir les déraciner. Et comme c'est une loi de la nature et de l'histoire que tout organe soit proportionné à sa fonction, on peut dire que cette diminution flagrante de l'autorité spirituelle a rendu possible, sinon inévitable, l'amoindrissement du pouvoir temporel.

en 1789, la Bourgeoisie avait, par six siècles d'efforts, acquis le talent, le mérite et la science. Le peuple doit subir la même épreuve et donner les mêmes gages. En attendant, l'ignorance dogmatise, la folie tient école.

Un homme part, voyage, ramasse en passant tous les préjugés qu'il rencontre, et Dieu sait s'ils sont nombreux ! revient s'enfermer dans une *Loge*, où ne pénètre ni vie, ni chaleur, ni lumière, si ce n'est celle qu'il y introduit discrètement, et, prenant pour le monde les complaisants qui l'entourent, il réinvente naïvement la morale naturelle de nos pères, sans se douter ni se soucier des problèmes qu'il soulève.

La question n'est pas de savoir si la morale peut être indépendante. Cent fois les conciles, mille fois les philosophes ont affirmé que l'homme est capable de se connaître et de connaître Dieu. C'est un dogme de la foi, une loi de la raison. Et puisqu'il peut naturellement connaître Dieu, il peut, naturellement aussi, connaître ses devoirs naturels. Qu'il les cherche et ne les trouve point, ou qu'il les trouve par l'expérience, la statistique ou le bon sens, il n'importe. De toutes manières, il existe une morale naturelle, aussi indépendante de la métaphysique que de la révélation. Cela n'est pas douteux, cela n'est pas contestable.

Mais *est-ce toute la morale?* Voilà le problème ; en poursuivre un autre, c'est prendre ou donner le change. Si l'eau pour s'élancer doit partir d'un niveau supérieur, l'homme a besoin pour s'élever de s'exhausser lui-même. Il a une destinée surnaturelle, dit l'Église; il lui faut des moyens surnaturels. Il a une fin transcendante, dit la philosophie; il puise dans sa raison des moyens transcendants. Nier n'est pas répondre, non plus que dogmatiser n'est convaincre.

Les catholiques, il faut le dire, ont perdu le sens des vérités qu'ils professent. On s'en convaincra ici. Voilà le mal. Et, moins ils les comprennent, plus ils les défendent; n'ayant plus l'esprit, ils se cramponnent à la lettre. Ils n'entendent pas mieux la *Somme* de Saint-Thomas, que la chanson de Roland; ou, du moins, leurs discussions le font croire. J'admettrai toutes les exceptions qu'on voudra : je parle du troupeau, si longtemps conduit ou mieux gourmandé, pourchassé, l'insulte et la menace à la bouche, de la montagne de la Salette à la Grotte de Lourdes, sur les pâturages vénéneux de la superstition, par un homme, que dis-je ? un pape laïc, dominant les évêques, terrifiant les fidèles, régentant la grande Église de France, quoiqu'il ne

sût même pas son catéchisme !
Qu'ont-ils appris sous ce guide ?
A mépriser la science et les savants.

Ils sont trop verts, dit-il, et bons pour des goujeats

Leur métaphysique est puérile, leur philosophie nulle, et, parce qu'ils n'en ont pas, ils s'en défient. Ils n'ont entre les mains que des vérités mortes ou si peu vivantes, qu'on s'étonne de les voir encore subsister. L'habitude seule les soutient; mais cet état ne saurait durer. Il faut en sortir. Comment ? en ne séparant pas ces deux moitiés de Dieu : la Raison et la Foi.

Incorrupta Fides nudaque Veritas.

L'école enseigne depuis trente

ans, que toutes les combinaisons de l'esprit sont épuisées : de là le fanatisme des uns, le positivisme des autres, l'affaissement de tous. Si ces lignes, dussent-elles ouvrir un moment des voies nouvelles à l'erreur, pouvaient montrer qu'il n'en est rien, on remercierait Dieu de les avoir inspirées.

Jour des Morts 1865.

A

Madame J. d'A***

L'ÉTERNITÉ
DES PEINES

Madame,

Je vous le disais hier : Dieu m'a fait la grâce de me rencongner ; j'ai un rhume sans pareil : je ne vois, ne sens, ni n'entends, et si toutes nos idées viennent des sens, comme le veut, dit-on, Aristote, je crains bien que les miennes, en ce moment, ne soient singulièrement opaques, non moins que celles des positivistes et des mollusques, dans l'atmosphère aqueuse où ils vivent. Mais, en revanche, comme eux, je puis être tout à moi, à l'étude, à la méditation; car je suis philosophe par état, ou plutôt, hélas! par vocation. J'ai l'air de faire du journalisme, de la politique; mais, au fond, rien de moins réel; ce n'est que pour vivre.

Si j'existe, c'est comme rêveur, je n'ose même dire comme penseur. Je ne suis d'aucune école. Ne faisant pas commerce de la vérité ou de ce que je crois tel, je n'achète pas des opinions et des idées pour les revendre; je ne suis pas marchand de phrases catholiques ou voltairiennes, et ne sais débiter ni le *Devoir*, ni la *Vie de Jésus* en articles, et moins encore user de toutes les ressources de la rhétorique pour rester entre les deux. J'ai pris, ou mieux, faut-il l'avouer? (car il n'y a pas eu choix, volonté de ma part), il m'est tombé le plus mauvais lot: la métaphysique. Là, je me sens chez moi, dans mon monde; j'y nage comme le poisson dans l'eau, comme le solidaire dans l'absurde; je me dilate, je respire, je vis.

C'est ce que j'ai fait ce matin en rouvrant, selon votre exemple, le premier volume de saint Thomas : *Somme contre les Gentils*, et j'y ai trouvé, quoi ? — une perle, un trésor, un monde, — une vérité qui m'a rendu toute autre occupation ou préoccupation impossible, et que je veux vous communiquer; car vous savez comment j'explique l'origine du langage et de l'écriture. C'est un fait d'expérience journalière : quand on éprouve une grande émotion, un grand bonheur, on est obsédé du besoin de le raconter. Eh bien, l'homme, Adam, en se voyant seul sur la terre, ou... mais non (j'allais introduire une malice contre Ève; à quoi bon?), Adam, dis-je, à peine créé, ravi de la nature, a senti le besoin de rendre grâce à Dieu, et de communiquer, d'exprimer son bonheur. Il a parlé. Ainsi en est-il de ma découverte ; j'ai besoin de la raconter. Mais, comme elle pourrait passer inaperçue, même à vos yeux, car elle est abstraite, et très-abstraite, il me faut un long préambule.

Donc, je passe ma vie à rêver, et je ne rêve à rien moins qu'à un renouvellement complet de la philosophie, à bout de ressources et de moyens, se perdant dans l'histoire ou tournant dans l'érudition, ici et là, ridiculement impuissante. Quelle ambition ! direz-vous. C'est ce que les catholiques, de leur côté, ne désespèrent pas d'accomplir en ressuscitant la scolastique. Mais, de bonne foi, c'est impossible, sinon insensé, bien que la diversion momentanée qui en résultera dans les esprits ne soit fort désirable.

Je suppose que vous avez ou que vous avez eu sous les yeux la *Somme contre les Gentils* et les dix pages qu'emploie saint Thomas, le divin maître, l'Ange de l'école, à prouver que Dieu existe parce que, selon Aristote, le mouvement est ou implique un moteur. Outre que le mot *mouvement* a changé complétement de sens, parce que la langue a vécu et que l'âme a vieilli depuis lors; outre qu'Aristote et saint Thomas l'emploient dans un sens tellement général, qu'il implique précisément ce qui est en question (il y a du changement ou de la vie dans le monde, veut-il dire, donc il y a un premier Être d'où tout procède); outre que vouloir ramener les hommes à cette manière de concevoir et d'entendre me paraît être une entreprise absolument chimérique, je dis que nul esprit n'est aujourd'hui en état de suivre jusqu'au bout cette démonstration, plus embrouillée que la généalogie des Montmorency ou des Crouy-Chanel, et que ceux qui le pourraient faire s'apercevraient aisément de la pétition de principe qui est au début, et qui fait qu'Aristote a été tour à tour pris, abandonné, repris, sans qu'on puisse dire que la question ait jamais été résolue ni qu'elle le pourra jamais être. Ma conviction est que ces sortes de preuves, très-solides en soi peut-être, et certainement très-bonnes à certains moments, cessent de l'être parce que l'esprit change; et qu'ainsi la philosophie doit, de trois siècles en trois siècles, je suppose, approprier aux esprits, aux sciences, aux besoins du monde, la démonstration des vérités éternelles qui lui sont accessibles, laissant les autres sous la garde de la foi.

Mais où suis-je, grand Dieu ! et comment me retrouver dans cet enchevêtrement d'incidentes?... Je dis donc qu'il est bon d'encourager le mouvement scolastique, quoiqu'il ne doive aboutir à rien, et qu'il faut poursuivre, en dehors et en même temps que lui, le retournement, le renouvellement de la philosophie. La pensée pure, le *moi* de Descartes a donné tout ce qu'il pouvait donner, et beaucoup plus. D'un autre côté, j'ai toujours admiré la grande idée que les Hébreux avaient de Dieu : *Celui qui est, l'Éternel!* C'est frappant, saisissant, dans tous leurs livres, et, comme j'ai fait jadis un peu d'hébreu avec le bon, l'excellent M. Ét. Quatremère, que je connaissais beaucoup, cette notion s'est encore développée en moi ; elle m'est devenue, un moment, comme elle était chez les Hébreux eux-mêmes, une sorte de sensation, une impression vive, continue, sensible. Ils *sentaient* vivre Dieu, à la lettre, et l'on peut, en se cultivant sous ce rapport, arriver au même degré d'évidence ou de pénétration de Dieu.

Le temps est donc une forme sensible de l'Être, ou de Dieu, et, comme, sous cette forme, l'esprit ne garde aucune des préventions qui l'empêchent d'avancer, j'ai songé à en faire la base, le fondement d'une philosophie, ou, pour mieux dire, de mes rêves. Je dois à cette manière de voir quelques vérités ingénieuses, et, chaque fois que j'en ai fait la comparaison, je les ai retrouvées dans saint Thomas, non plus alors à l'état de feuilles mortes ou de cadavres, comme sont la plupart des vérités que nous trouvons dans les livres, et derrière lesquelles nous ne mettons pas notre âme pour leur servir de corps, pour en faire la substance de notre être, mais à l'état réel, vivant, animé, comme sont les vérités que l'on trouve ou que l'on produit soi-même.

C'est ainsi que j'arrivai un jour à cette idée qui se trouve textuellement dans saint Thomas, comme je le découvris plus tard, au grand étonnement du Père Gratry lui-même, que cette découverte dérangeait peut-être un peu : à savoir que la raison n'est pas une faculté en quelque sorte naturelle, innée, au sens que les débitants de philosophie moderne semblent croire, mais UNE HABITUDE, *habitus principiorum*, dit saint Thomas, l'habitude que nous contractons de bonne heure de rapporter toutes nos idées à quelques principes universellement admis.

Eh bien! la découverte que j'ai faite ce matin, après dix pages de fumier scolastique (c'est Leibniz qui s'exprime ainsi, ajoutant aussitôt, comme je fais, qu'il y a des perles, des trésors dans ce fumier), la découverte, dis-je, que j'ai faite et qui vaut, seule, tout un monde, vient pareillement me confirmer, si j'en avais besoin, et, dans tous les cas, me pousser, m'encourager dans la voie que j'ai ouverte pour moi, et dans laquelle je marche.. dès que j'en ai le temps.

Mais il faut que je revienne à mon préambule.

Toute idée, toute pensée, toute notion, comme on dit en philosophie, est un acte de l'esprit, et, par conséquent, un instant de la durée, puisque le propre de notre âme est d'agir, et qu'agir est ce qui mesure ou constitue le temps.—Tout jugement ou assemblage de mots marque, selon l'école, la convenance ou la disconvenance de deux idées; et l'école a raison, en se reportant au sens que ces mots *convenance* ou *disconvenance* avaient, il y a trois siècles; mais, au point de vue moderne, la définition est insuffisante. Quoi qu'il en soit, je l'abandonne pour mon usage. Je remarque seulement que tout jugement rend *simultanées* deux idées jusque-là *successives*. Ainsi, j'ai l'idée *Dieu*, j'ai l'idée *bon*, acquises successivement; je les unis : Dieu est bon; je les rends *simultanées*.

De deux instants de la durée je n'en fais plus qu'un. Tel est pour moi le caractère essentiel, distinctif du jugement, si bien qu'à force de jugement (avec ou sans *s*) on finirait par rendre toutes nos idées simultanées. C'est précisément le but et l'objet de la science. Et comme les idées ne peuvent devenir simultanées qu'à condition d'être de même valeur ou également, c'est-à-dire éternellement vraies, la troisième figure de la logique, le syllogisme, a pour fonction de chercher dans le temps les idées qui vont hors du temps ou de déterminer les « absolues ». — Voilà en quelques mots l'esquisse d'une logique toute nouvelle.

Mais là n'est pas l'important. La seule conclusion à tirer de ceci, c'est que « *savoir, c'est voir simultanément toutes choses.* » En effet :

Qu'est-ce que le vrai ? c'est ce qu'on peut *toujours* penser.

Qu'est-ce que le bien ? c'est ce qu'on peut *toujours* faire.

Qu'est-ce que le beau ? c'est ce qu'on peut *toujours* aimer.

Donc tout, en nous, conspire vers l'éternité. Car l'éternité n'est pas l'existence sans fin, indéfinie, que les barbares catholiques ou libres penseurs s'imaginent. C'est l'existence *simultanée*, c'est-à-dire complète de l'être dans toutes ses directions à la fois, dans le vrai, dans le beau, dans le bien, en même temps; c'est l'épanouissement de l'âme, aujourd'hui enchaînée, captive du temps, qui lui impose une existence successive par la succession des impressions qui la frappent, au lieu de l'existence complète, entière, simultanée qu'elle avait autrefois et vers le retour de laquelle elle s'avance pas à pas, soit qu'elle suive la route du vrai ou celle du beau ou du bien. Et cette vie *simultanée*, c'est-à-dire *éter-*

nelle, peut s'acquérir dès ici-bas, dès maintenant, comme dans la prière, la rêverie, la contemplation, l'extase, et par conséquent nous sommes dès à présent, si nous voulons, dans l'éternité : *Regnum Dei intra vos est*; l'éternel nous enveloppe.

Et encore une fois je ne saurais dire combien est barbare, grossière, insuffisante, incorrecte, ridicule et niaise l'idée qu'on nous donne dans les livres, même les meilleurs, de l'éternité. C'est à dégoûter d'être chrétien, et je ne m'étonne pas que tant de demi-penseurs quittent l'Église. Et, si j'imprimais cela, ne passerais-je pas pour un fou ou un calomniateur public ? y aurait-il assez de pierres pour me lapider ? C'est qu'en effet la notion que l'on donne de l'éternité n'est pas fausse, elle n'est qu'incomplète, insuffisante, ne répondant plus à l'ensemble des autres opinions philosophiques ou à ce qu'on appelle le mouvement des esprits.

Or j'ouvre saint Thomas ce matin, grâce à mon rhume sans pareil, et, après un horrible chapitre de broussailles que j'ai courageusement et soigneusement traversées, comme le mérite le grand, le divin docteur, j'y lis cette définition de Dieu : *Est igitur carens principio et fine*, TOTUM ESSE SUUM SIMUL HABENS, IN QUO RATIO ÆTERNITATIS CONSTITIT, ce qui est très-clair, quoique difficile à comprendre dans ce latin du moyen âge que les scolastiques ont fini par rendre plus souple que net : « *Il n'a donc ni commencement ni fin,* AYANT TOUT SON ÊTRE EN MÊME TEMPS, CE QUI CONSTITUE L'ÉTERNITÉ. » Ainsi l'éternité est *d'avoir tout son être en même temps!!!* Vous dire le bonheur que j'éprouve à trouver cette vérité dans saint Thomas serait impossible, parce que je ne saurais vous expliquer comment j'ai mis dix ou quinze ans de méditations à arriver seul de mon côté à cette formule que j'avais pu lire mille fois dans les livres, même en m'y appliquant, sans la voir.

Et maintenant comprenez-vous le sentiment que j'éprouve quand je rencontre dans les salons ou dans les Revues, qui sont les salons des gens de lettres, des incrédules et des crédules, des voltairiens ou des catholiques disputant sans fin sur, contre ou pour l'éternité des peines! « Eh! quoi, dit celui-ci, un Dieu bon qui tolère des châtiments qui ne finissent pas! est-ce possible? non, non; dans ce cas, j'aime mieux, comme sainte Thérèse, par dévouement d'amour, avoir l'enfer avec mes frères que le paradis avec Dieu. » — On ne peut nier qu'il n'y ait de la grandeur héroïque dans ce cri qui marquera de ce côté, d'ici à cinquante ans, la limite de la discussion. — « Mais, disent les autres, un Dieu juste qui ne punit pas, qui traite le vice et la vertu de même, est-ce possible ? »

Je ne prétends pas rapprocher les cornes du dilemme, ni trancher la question. Je dis seulement qu'on semble ne plus l'entendre ni d'un côté ni de l'autre, et que les malentendus, les quiproquos, les passions, les haines s'accumulent. Je ne préjuge rien de la réponse que je pourrai faire plus tard à cette grave et sérieuse difficulté, et qu'une intelligence plus claire, plus nette, tranchera peut-être d'un mot.

Mais si *l'éternité, c'est avoir tout son être en même temps*, l'éternité des peines peut s'entendre des souffrances qui atteignent sur tous les points à la fois les vicieux, c'est-à-dire le sentiment qu'ils ont de leur totale imperfection (tandis que nous n'en sentons jamais qu'un côté ici-bas, nos impressions étant successives), et le regret, le remords, la souffrance qu'ils en éprouvent est leur inéluctable châtiment.

Je m'aperçois que mon explication n'explique rien ; aussi n'est-ce pas mon but. Je veux dire que, de part et d'autre, pour ceux qui admettent comme pour ceux qui repoussent les châtiments *sans fin,* il serait bientôt temps d'abandonner cette notion d'éternité ridicule qu'on s'est faite, comme si l'on soutenait encore dans la science que la lune n'est pas plus grande que le Péloponèse; et par conséquent ces images de supplices *sans fin*, que les catholiques propagent plus volontiers encore que les incrédules, devraient bien, dans nos livres, dans nos sermons, dans nos discours, faire place à d'autres symboles.

Ce n'est pas une langue fausse, c'est simplement une langue morte; l'ensemble des idées ou des choses qui la faisait comprendre a disparu; il y faut renoncer. C'est ce qu'on fera, c'est ce que fera l'Église elle-même. Mais toute révolution est lente, parce qu'il faut d'abord que les esprits s'y préparent ou plutôt l'accomplissent eux-mêmes en eux-mêmes, en n'ayant plus de l'éternité l'idée ridicule qu'on en a. Comme les vrais fidèles sont ceux qui FONT LE VERBE, c'est-à-dire la langue des idées éternelles, quand les catholiques auront renoncé à la grossière image qu'ils se font de la vie *sans fin*, d'où découle l'idée plus enfantine et plus grossière encore de *supplices sans fin*, quand, dis-je, ils auront abandonné ces fausses notions, le monde, qui leur emprunte tout ce qu'il faut croire et penser des choses spirituelles, leur empruntera aussi leur nouvelle notion *d'éternité*, et alors la paix rentrera dans les esprits, la charité dans les cœurs et le bon sens dans la grammaire.

Et qui peut opérer cette révolution ? Sont-ce les croyants eux-mêmes et d'eux-mêmes ? — non ; il faut donc que l'ennemi, qui veille toujours aux frontières, les pousse, les incite, les taquine ; et j'admire, je remercie la Providence (même en ne la prenant ici que comme une grande loi de l'histoire, ce que je n'ai pas le temps de développer), de faire que le dogme contre lequel s'amassent toutes les colères du dix-neuvième siècle soit précisément celui de l'enfer, le purgatoire ayant décidément résisté à trois cents ans d'attaques, et le paradis restant toujours le point de mire des athées.

L'enfer, voilà la pierre de touche des déistes ! et comme par suite de la suppression du purgatoire (ou enfer temporaire) opérée par les protestants, la polémique, en s'appesantissant sur cette question de durée, a fini par lui donner le caractère (ridicule quand il est exclusif) d'un châtiment *sans fin*, c'est sur ce point que doivent porter tous les débats futurs, comme aussi sur la grande question de la *personnalité* de Dieu, posée par la négation de la divinité du Christ.

Et vous en voyez le rapport : un Dieu personnel est nécessairement un Dieu bon, aimant, agissant comme nous, et c'est ce Dieu qu'il faut concilier avec l'éternité des peines. Le romancier de Jésus, qui obéit sans doute à des mobiles inavouables, ou plutôt qui y a obéi une fois, il y a quinze ou vingt ans, lorsque, cédant à de mondaines ambitions, il a mis le pied hors de la droite voie, ce dont il subit et subira de plus en plus le châtiment, fait donc une œuvre nécessaire, et en quelque sorte providentielle, en obligeant tous les chrétiens d'abord, tous les philosophes ensuite, à se dire et à nous dire enfin une bonne fois : « Qu'est-ce que ce Dieu que nous adorons et que nous faisons adorer? Est-il et qu'est-il? Qu'est-ce que sa *personne* en un mot? Il serait bientôt temps qu'on le sût.

Car vous remarquerez que, depuis le commencement de ce siècle, les prétendus philosophes spiritualistes jouent sur les mots et abusent de la crédulité publique en feignant de démontrer Dieu, qui n'est pas attaqué en tant qu'*être*, et en ne disant rien de sa *personnalité*, qui est partout méconnue en France, en Angleterre, en Allemagne. Mais la plupart ne se rendent pas compte de ce qu'ils font. La vérité est, qu'à leur insu, la philosophie a continué, comme au dix-huitième siècle, de se mettre au service de la politique; elle est devenue une arme des partis; les conservateurs, en général, ont été *déistes*, les révolutionnaires *athées*. Mais personne ne s'est occupé de la vérité en soi ou pour elle-même !

De là le vide affreux qui s'est fait dans les esprits, le doute, ou plutôt l'incrédulité qui a pénétré dans tous les cœurs. Il ne suffit pas de répandre la foi pour qu'elle germe, il faut qu'elle rencontre un terrain préparé ; et comme la grâce se surajoute à la nature, c'est la philosophie qui peut seule ameublir le sol où grandissent les croyances. La foi qui résiste aux orages, aux tempêtes, est celle qui pousse, qui s'élève sur la raison. L'autre n'est que superstition et tombe au premier souffle.

Est-ce sérieusement que nos détaillants de philosophie, courtiers en éclectisme, viennent à l'aide de preuves fort suspectes et mille fois attaquées, je dirais presque renversées par la dialectique moderne, nous démontrer l'existence de Dieu ? — Mais les panthéistes y croient plus qu'eux, à Dieu, plus profondément, plus sincèrement! Ils démontrent qu'il est pur esprit, les panthéistes aussi; — qu'il est tout-puissant, les panthéistes de même ; — intelligent et libre, les panthéistes y consentent à merveille ; — tout prévoyant et tout sachant : de mieux en mieux, assurent ces derniers. Et le panthéisme, à cause de cela, continue de faire dans les âmes de terribles ravages [1]. — Si l'on n'a rien à lui opposer, pourquoi faire semblant de le combattre? pourquoi parler et ne rien dire ? C'est ce que je vois faire tous les jours ; mais je vois aussi que les livres de

[1] De concert avec M. H. Sloman, j'ai publié sur la *Logique subjective* de Hégel, afin de la rendre intelligible, un travail qui est à la fois *plus* et *moins* qu'une traduction, et dans lequel on rencontre, paraît-il, des expressions « qui rappellent Pascal. » Pourquoi M. Vacherot reproduit-il textuellement, comme s'il analysait lui-même Hégel des pages entières de ce travail sans le citer ? C'est pour la quatrième fois que je suis, de la part de ces messieurs de l'Ecole, l'objet d'un pareil procédé.

mauvaise foi ou sans foi sont dévorés par des esprits curieux, affamés, que la philosophie régnante ne rassasie pas.

Et pourtant la question est posée, il faut la résoudre. Le peuple veut une solution. Dieu est-il une *personne* comme nous? La foi dit oui ; mais, je le répète, la foi doit reposer sur la raison. Et, en effet, la difficulté est double : une partie revient à la philosophie, une partie à la religion; et c'est l'insuffisance de la philosophie qui fait ici l'impuissance de la religion. Puisque nous sommes une *personne*, c'est à la science qu'il appartient de dire en quoi consiste l'essence de la personnalité; après quoi la religion montrera que cette notion convient parfaitement à Dieu. Or, jusqu'ici la philosophie n'a pu s'entendre sur ce qui constitue la personne; elle cherche, elle tâtonne, elle hésite; tantôt c'est, à ses yeux, la liberté, tantôt la volonté, tantôt la conscience;

en réalité elle n'en sait rien, et c'est à peine si elle commence à soupçonner la grandeur de cette question. La libre-pensée, au contraire, qui a sur tous ces points des solutions, des négations toutes prêtes, gagne du terrain et poursuit ses conquêtes. Voilà tout le mystère de ce qu'on appelle le triomphe du mal!

Au fond, c'est Dieu qui veut qu'on l'affirme et qu'on affirme *tout son être en même temps*. Malheureusement, pour le faire, la religion n'a pas de philosophie (après un siècle d'agitations, cela se conçoit) et la philosophie n'a pas de doctrine. Nos philosophes ne sont que des ruminants rééditant mille fois des arguments mille fois réfutés, ou sachant effleurer, esquiver les difficultés sans les résoudre, le plus souvent sans les voir. Lisez saint Thomas lui-même! que de chapitres, très-bons autrefois sans doute, contre les erreurs de son temps, sont inutiles ou même inintelligibles aujourd'hui?

Il n'y en a pas moins de cent, les uns curieux, les autres superflus sur Dieu. Ainsi : Dieu n'est pas matière, Dieu n'est pas composé, Dieu n'a rien de forcé en lui, Dieu n'est pas un corps; il est son essence, il est vivant, il vit de sa vie, il est heureux, il jouit de sa propre béatitude, etc., etc.; j'en citerais comme cela jusqu'à demain, partant tous de l'hypothèse d'Aristote, qu'un mouvement suppose un moteur, et reproduisant chaque fois, dans le même ordre, les mêmes arguments, qui passent tous à côté de Dieu sans le toucher. C'est comme si on démontrait que Dieu n'est ni carré, ni jaune, ni blond, ni avare, ni pointu, ni notaire, ni marié, ni pauvre, ni vieux, ni triste, ni peintre, etc., que sais-je encore? Mille attributs de ce genre au sujet desquels on ferait des démonstrations absolument vraies, mais absolument absurdes ou inutiles.

Ainsi sont la plupart de nos philosophes spiritualistes ou catholiques; ils dissertent à côté, sur ce qui n'est pas en question, et laissent les âmes sans nourriture solide, sans solutions catégoriques contre le doute. Car je ne saurais trop le redire : le Dieu panthéiste peut admettre, et admet, en effet, tout ce que, dans l'état actuel de la philosophie, les spiritualistes sont en mesure d'attribuer *scientifiquement* à leur dieu. Ce qui va au delà, chez ces derniers, est affaire de sentiment, de convenance, de politique ou d'habitude et s'introduit sous forme de poésie, de rhétorique ou d'exclamation.

Voilà d'où vient la grande maladie des âmes, la funeste impuissance de la raison et de la foi en présence de l'athéisme. Il n'en faut pas chercher ailleurs la source, mais, au contraire, poser nettement le problème, avouer humblement sa faiblesse, pour que nos enfants du moins connaissent l'écueil et y pourvoient! Sommes-nous une *personne?* Pouvons-nous et devons-nous nous définir et nous connaître? Telle est, il me semble, la tâche de la philosophie, et elle n'est pas au-dessus de ses forces. Cette tâche remplie, la théologie prendra la sienne et complétera la démonstration.

Je n'entends pas dire que tous les philosophes doivent poser ce problème et tomber d'accord sur sa solution. Non; grâce à Dieu, cette unanimité est impossible, et c'est la minorité opposante qui rend possible, de siècle en siècle, l'avancement ou le déplacement des questions. Mais il y a, dans chaque époque, une école, une idée dominante, qui constitue comme la foi rationnelle du siècle, le *minimum* admis par toutes les âmes, et qui, pour ce motif, sert de point de départ au progrès à venir, ou de terrain solide aux discussions de la religion et de la science. Or c'est précisément ce terrain solide qui nous manque aujourd'hui dans la plus grave des questions, et c'est ce qui fait que les esprits tournent sur eux-mêmes, le plus souvent sans le savoir. Je dirais presque que le terrain solide, tant il est facilement accepté par le grand nombre des esprits curieux, est, non pas la négation de Dieu, mais ce qui est bien plus subtil, la négation de la personnalité de Dieu. Sur ce point, il y a comme une conspiration naturelle et tacite de toutes les classes, de tous les individus ; c'est la foi du dix-neuvième siècle.

Maintenant, qu'est-ce que la personne ? en quoi consiste la personnalité ? selon la réponse que la philosophie donnera à cette question, la paix rentrera dans les âmes, pour un, deux ou trois siècles, en raison du degré de vérité qu'on aura rencontré. L'histoire fait la vérité; elle applique, elle réalise les doctrines; elle les met à l'œuvre et à l'épreuve, et suivant qu'elles sont plus ou moins approchantes de la vérité, elles durent plus ou moins longtemps. Si l'idée qu'on se fait de la personnalité est trop insuffisante ou fausse, elle n'a pas d'adhérents, elle ne vit pas dans les âmes; si elle est suffisante pour rallier les esprits, mais très-faible encore, elle fait école un moment, puis tombe sans même entrer dans le domaine de la discussion. Pour qu'elle prenne racine, il faut qu'elle satisfasse aux besoins spirituels de plusieurs générations qui, ne voyant rien au delà, la déclarent vraie, *absolument vraie*, jusqu'à ce qu'ayant nourri, élevé, grandi, développé les âmes, celles-ci à leur tour s'aperçoivent de son insuffisance, au moins par rapport à elles, et en produisent une autre.

C'est ainsi que des idées vraies, cessent de l'être, *sans changer pour cela de nature*, par le seul fait du changement des âmes qu'elles ont longtemps nourries et contentées. On peut même dire qu'elles continuent d'être vraies pour des classes inférieures, pour des esprits moins cultivés. Seulement le mal qu'elles font par en haut étant ou devenant peu à peu plus grand que le bien qu'elles font par en bas, on est forcé de les abandonner. Telle est l'idée *d'éternité* prise comme expression d'un temps qui ne *finit pas*. Il a été vrai d'interpréter ainsi l'éternité des peines avec les protestants, pendant trois siècles et plus, parce qu'ils la comprenaient ainsi, et qu'ensemble, catholiques et protestants, faisaient tête aux incrédules sur ce point. Mais cette explication du mot éternité étant aujourd'hui tout à fait insuffisante, sans être fausse, je dis qu'il la faut abandonner. L'idée est morte. Elle fait plus de mal en haut que de bien en bas, où, longtemps encore, on ne pourra comprendre autrement que *sans fin* l'idée *d'éternité* et où il faudra peu à peu introduire de nouvelles images, un symbolisme différent.

Et ce qui prouve bien la divinité des dogmes, c'est précisément qu'ils n'ont pas besoin de s'exprimer différemment pour les différents ordres d'esprits ; tous les catholiques de toutes les classes les comprennent, ou peu s'en faut, de la même manière, quand ils les comprennent. Dieu seul, évidemment, a pu identifier le signe et l'acte, l'expression et la chose exprimée, c'est-à-dire manifester des vérités *immuables*, qui développent l'âme sans que l'âme à son tour les développe, ou sur lesquelles le temps ne peut rien. L'acte qu'on appelle *communion* est le même aujourd'hui qu'il y a dix-huit siècles, tandis que la *vertu,* par exemple, prise, non comme idéal mais comme acte, est susceptible de plus ou de moins selon les siècles.

Eh bien, il en est de même de l'idée d'éternité (et de toutes nos idées humaines, quelles qu'elles soient), qui a varié et peut varier encore. L'acte de notre esprit qui y répond n'était pas au treizième siècle ce qu'il est aujourd'hui. Quand il veut exprimer un temps qui *ne finit pas,* saint Thomas a bien soin de dire *perpétuel.* Ce sont deux notions fort distinctes dans son esprit. Et non-seulement, les idées humaines varient de siècle en siècle, mais elles varient en nous, comme chacun sait, de jour en jour, selon l'ensemble des connaissances que nous recevons et qui modifient toutes celles que nous avions déjà. Donc, il importe bien moins aujourd'hui de *prouver ou de nier l'éternité des peines,* que de faire la critique de ce mot *éternité* et d'en changer le sens, s'il y a lieu.

Voilà l'œuvre véritable des philosophes, s'il y en a parmi nous. Il se peut faire que tous les malentendus, les haines, les colères, les passions viennent justement de ce mot mal compris, et qu'elles s'apaisent tout à coup devant une notion plus exacte. L'idée vraie du seizième siècle est devenue, sans changer de nature, l'idée fausse du dix-neuvième, absolument comme un mouvement rapide d'alors pourrait être un mouvement très-lent aujourd'hui. La notion d'éternité d'autrefois a vécu trois siècles, c'est beaucoup; elle est à bout de puissance et de vérité; son temps est fini; elle est morte, enterrons-la.

Par ce moyen, nous pourrons abandonner les *peines sans fin* qui effrayent tant les incrédules sans porter atteinte à la lettre ni à l'esprit du dogme, ou à la véritable éternité des peines. Ce n'est pas que je craigne les incrédules, c'est que j'ai horreur des idées fausses; or toute idée incomplète devient tôt ou tard une idée fausse.

Est-il vrai que la vie est une meilleure chose que la mort ? que l'être vaut mieux que le non-être? Je laisse de côté l'opinion des insensés. Tout le monde dira que la vie, même telle qu'elle est, est une chose préférable à la mort, non pour tel ou tel individu qui s'est dégradé par le vice, mais pour tous et pour tout en général. Nul esprit sérieux ne reprochera à Dieu d'avoir fait la vie. Or, si l'éternité bienheureuse est, pour chacun de nous, la *jouissance simultanée de tout son être*, il se pourrait que l'éternité malheureuse fût la continuation perpétuelle de notre existence bornée avec le *sentiment simultané* des perfections qui nous manquent par notre faute et des imperfections que nous avons.

Et je m'assure que toute âme délicate qui sentira vivement cette idée y verra la possibilité d'une souffrance infinie, sans que nous puissions cependant nous en prendre ni à la bonté, ni à la justice, ni à la miséricorde de Dieu, puisque cet enfer, qu'on a peint jusqu'ici par des flammes pour les bonnes femmes et les âmes grossières, ne sera qu'une vie bornée analogue à la vie présente, et que la vie présente vaut mieux que le néant, même pour ceux qui sont déshérités de tous biens. A plus forte raison serons-nous punis sans pouvoir nous plaindre, quand, restés imparfaits par notre faute, mais cependant plus heureux d'être que de n'être pas, nous aurons *le sentiment simultané de tout notre être!* Mais il faudrait maintenant développer ce nouveau thème et je sens le besoin de finir. Quoi qu'il en soit, vraie ou fausse, je dis que l'idée que nous nous faisons de l'éternité est barbare, et c'est cela qui rend barbare ce à quoi nous l'appliquons.

Jour de la Toussaint 1864.

Si le public s'intéresse à ces travaux, on réimprimera successivement dans le même format :

Le Positivisme ou la Foi d'un athée, 3e édit.

Le Dernier Mot de l'éclectisme, 3e édit.

M. Cousin, professeur, écrivain, ministre, 3e édit.

Discours philosophiques.

Deux Mémoires sur l'Église de France, 2e édit.

Organisation régionale de la France, essai de géographie politique, 2e édit.

Pour paraître en 1875 :

RECHERCHE
DE
LA MÉTHODE

Pour bien conduire sa raison dans l'étude et dans la vie.

1 volume de 200 pages in-32.

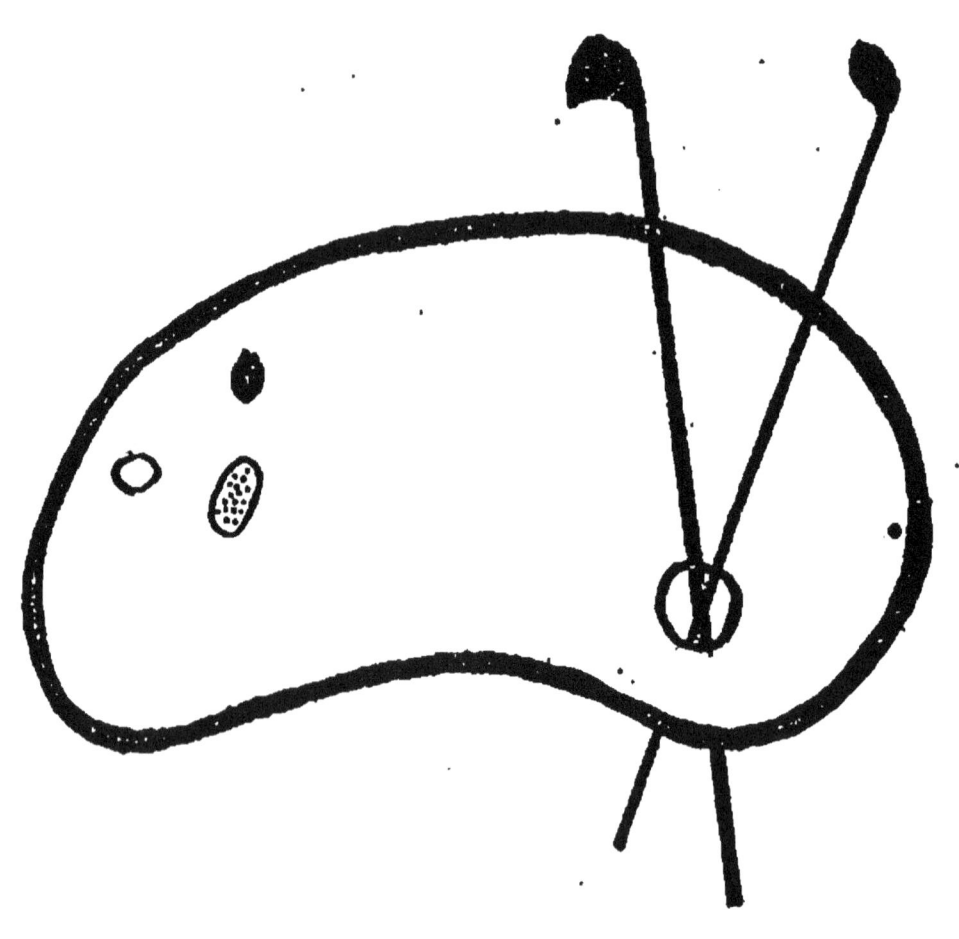

ORIGINAL EN COULEUR
N° Z 43-120-8

www.ingramcontent.com/pod-product-compliance
Lightning Source LLC
LaVergne TN
LVHW021004090426
835512LV00009B/2072